Jesus begegnen in der heiligen Kommunion

Mein Begleit- und Erinnerungsbuch
zu Eucharistie und Versöhnung

Dieses Buch gehört:

Emil Böttcher

IMPRESSUM

Urheber und Herausgeber:
Ideal GmbH
Gampenstraße 97
I-39012 Meran (BZ)
Tel. +39 0473 491000
Fax +39 0473 491001
info@idealit.com
www.idealit.com

Konzeption und Gestaltung:
Johann Waldner
Ingeborg Lanthaler
Patrick Caselli

Illustrationen:
Annelies Leitner

Lektorat:
Reinhold Staffler

Auftraggeber:
Amt für Katechese und Religionsunterricht
Domplatz 2, I-39100 Bozen
Tel. +39 0471 306205
Fax +39 0471 980959
amt.fuer.katechese@bz-bx.net
www.bz-bx.net

Arbeitsgruppe 5. Auflage (Neuauflage):
Margarete Kofler Terzer
Sabine Durnwalder Engele
Sonia Salamon Breitenberger, Referentin
Markus Felderer, Amtsleiter

Wir danken allen Kindern, Eltern, GruppenleiterInnen, SakramentenkatechetInnen, Priestern, ReligionslehrerInnen u. a. für ihre Mitarbeit.

ISBN 88-88642-03-X
6. Auflage 2016
5. Auflage 2013 – Neuauflage
4. Auflage 2010
3. Auflage 2007
2. Auflage 2004 – Überarbeitung
1. Auflage 2002

INHALT

1. Die Feier der Versöhnung - die Beichte

2. Die Feier der Gemeinschaft - die Eucharistie / die Kommunion

KGT = Kindergruppentreffen

Gemeinsam mit Jesus auf dem Weg

Wie ist ein guter Hirte?

Was tut ein guter Hirte?

Ich bin der gute Hirt;
ich kenne die Meinen
und die Meinen kennen mich.
(nach Johannes 10,11-18)

Jesus ist mit uns auf dem Weg

Wann begegnen wir ihm?

Entscheide dich für die richtigen Bilder, so findest du das Lösungswort.

In der Begegnung mit Jesus finden wir zu G O T T.

Jesus ist mitten unter uns, wenn wir versammelt sind. Wir begegnen ihm in unserer Kommuniongruppe. Gemeinsam können wir ihn kennen und lieben lernen.

Klebe hier ein Foto von deiner Kommuniongruppe ein (oder zeichne)!

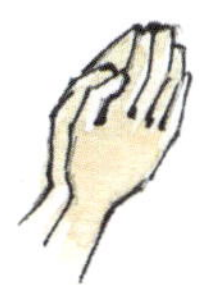

Jesus, du bist in unserer Mitte

Jesus, du bist in unserer Mitte,
wenn wir miteinander Freude und Freundschaft erleben.
Du bist in unserer Mitte,
wenn wir aufeinander schauen.
Du bist in unserer Mitte,
wenn wir gemeinsam zu dir sprechen.

Jesus, du bist in unserer Mitte
und lässt uns nicht allein.
Komm auch in unsere Familie und segne sie.
Amen.

Auf den Spuren von ...

Jede und jeder von uns hinterlässt Spuren.

Welche Spur führt zu wem?

Impuls für Eltern:

Betrachten Sie gemeinsam mit Ihrem Kind Ihr Zuhause. Wo entdecken Sie Spuren von Jesus Christus in Ihrem Zuhause und in Ihrem Leben (Symbole, Rituale, ...)?

Auf welche Spur führen uns diese Zeichen?

Schreibe die Begriffe zu den Bildern, und du findest das Lösungswort!

Mit J e s u s
1. 2. 3. 4.

auf der Suche nach Gott.

Gott liebt mich so wie ich bin

Gott ist zu uns wie ein guter Vater und eine gute Mutter. Er lässt uns nicht alleine. Wir sind von Gott gewollt, jeder von uns, so wie er ist, und jede von uns, so wie sie ist. Du, genau du, bist so von Gott gewollt, mit diesem Charakter und Namen, mit diesen Augen, diesem Mund, dieser Nase und dieser Stimme.

Mein Name ist Emil Böttcher

Meine Augen sind braun

Meine Haarfarbe ist braunrötlich

Ich bin 8 Jahre alt.

Ich kann gut zeichnen

Die Liebe Gottes

Durch Jesus erfahren wir von der Liebe Gottes. Jesus zeigt uns, dass Gott uns trotz unserer Fehler liebt. Die Erzählung von Petrus lässt uns das begreifen.

Zum dritten Mal fragte er ihn:
„Simon, Sohn des Johannes, liebst du mich?“
Da wurde Petrus traurig, weil Jesus ihn zum dritten Mal gefragt hatte: Hast du mich lieb? Er gab ihm zur Antwort:
„Herr, du weißt alles; du weißt, dass ich dich lieb habe.“
Jesus sagte zu ihm: „Weide meine Schafe.“
(Johannes 21,17)

Ich liebe dich so wie du bist

Zeichne den Umriss deiner Hand nach.
Bitte deine Mutter oder deinen Vater oder jemanden aus deiner Familie in deine gezeichneten Finger hineinzuschreiben, was sie an dir besonders schätzen.

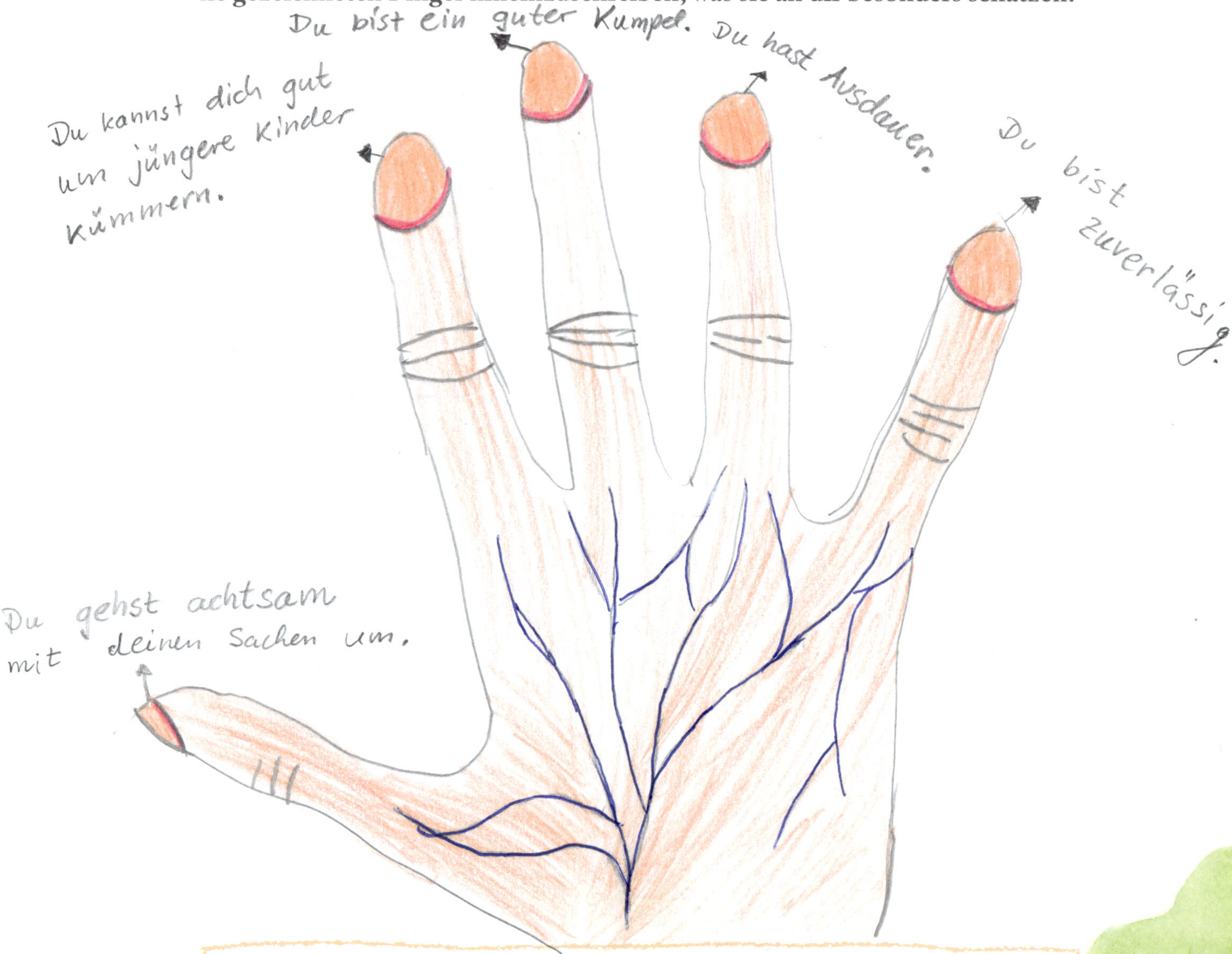

Impuls für Eltern:
Versuchen Sie bei dieser Übung nicht Fähigkeiten (z. B. du kannst gut rechnen), sondern Eigenschaften (z. B. deinen Humor) festzuhalten. Achten Sie dabei nach Möglichkeit darauf, die Sätze positiv zu formulieren (statt „Du bist nicht lange beleidigt" -> „Du bist schnell bereit, dich wieder zu versöhnen").

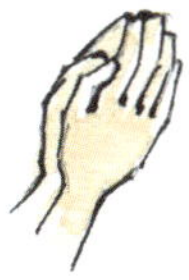

Gott, du liebst mich, so wie ich bin

Gott, du liebst mich, so wie ich bin,
mit meinem Lachen und mit meinen Späßen,
mit meiner Traurigkeit und mit meinen Schmerzen,
mit meiner Hilfsbereitschaft und mit meiner Liebe,
mit meinem Zorn und mit meiner Hilflosigkeit,

Gott, du liebst mich so wie ich bin.
Ich danke dir, dass es mich gibt.
Amen.

Du kannst das Gebet gerne weiterschreiben.
Nutze hierfür die leeren Zeilen.

Gott sagt Ja zu mir

Bei ihm sind wir geborgen

Alle brauchen einen Platz, an dem sie sich sicher und geborgen fühlen.

Wo und bei wem fühlst du dich wohl?
Zeichne oder schreibe!

Am meisten fühl ich mich bei meiner Familie wohl. Und bei meinen Freunden.

In der Taufe feiern wir die besondere Beziehung zu Gott. Wir feiern, dass wir von Gott geliebt sind. Durch die Feier der Taufe gehören wir zur Gemeinschaft der Christinnen und Christen.

In jenen Tagen kam Jesus aus Nazaret in Galiläa
und ließ sich von Johannes im Jordan taufen.
Und als er aus dem Wasser stieg, sah er,
dass der Himmel sich öffnete und der Geist
wie eine Taube auf ihn herabkam.
Und eine Stimme aus dem Himmel sprach:
„Du bist mein geliebter Sohn,
an dir habe ich Gefallen gefunden.“

(Markus 1,9-11)

Ich bin getauft

Gott, ich bin getauft auf deinen Namen
in deiner Liebe.

Jesus, ich bin getauft auf deinen Namen
in deiner Nachfolge.

Heiliger Geist, ich bin getauft auf deinen Namen
in deiner Kraft.

Im Namen des Vaters und des Sohnes
und des Heiligen Geistes will ich leben.

Amen.

Kreuze die richtige Antwort an!
Jeweils zwei Antworten sind richtig.

- [x] Wasser ist Leben.
- [x] Das Taufwasser ist ein Zeichen für das neue Leben mit Gott.
- [ ] Das Taufwasser reinigt von Staub und Schmutz.

- [x] Das Licht der Taufkerze ist Zeichen des Lichtes Jesu.
- [x] Die Taufkerze wird an der Osterkerze entzündet.
- [ ] Das Licht ist ein Geschenk der Elektrizitätsgesellschaft.

- [x] Das weiße Taufkleid bedeutet Neubeginn mit Jesus Christus.
- [ ] Das weiße Taufkleid wird getragen, weil es gut zur Kerze passt.
- [x] Das weiße Taufkleid wird erst in der Feier der Taufe angezogen.

- [x] Die Salbung mit Chrisam-Öl schenkt uns Gottes Kraft.
- [ ] Das Chrisam-Öl wird zum Kochen verwendet.
- [x] Priester, Könige und Propheten wurden gesalbt.

Impuls für Eltern:

Das Kreuzzeichen mit Weihwasser erinnert an die Taufe. Segnen Sie Ihr Kind mit folgenden (oder ähnlichen) Worten: „Gott segne dich“ und zeichnen Sie dabei das Kreuz auf seine Stirn. Lassen Sie sich auch von Ihrem Kind segnen.

Meine Taufe

„ ____ ,

ich taufe dich im Namen des Vaters und des Sohnes und des Heiligen Geistes.“

Ich wurde am ______________________ in der Pfarrkirche

von ______________________________ getauft.

Getauft hat mich: ______________________________

Mein Taufpate/Meine Taufpatin ist: ______________________

____

Übertrage die Wörter in die Felder und entdecke das Lösungswort!

Chrisam > Eltern > Kirche > Kreuz > Mund > Ohren > Paten > Priester > Segen > Taufkerze > Taufkleid > Wasser

Auf dem Weg der Versöhnung

Jesus hat denen, die zu ihm kamen und sich ändern wollten, zugehört, er hat sie ermutigt und ihnen Kraft gegeben, neu zu beginnen. Er hat ihnen gezeigt, dass sie, trotz ihrer Fehler, von Gott geliebt sind.

Wie versöhnst du dich?

Welche Zeichen der Versöhnung kennst du?

Hat auch dir jemand einmal verziehen? Wer?

Als Jesus an die Stelle kam, schaute er hinauf
und sagte zu ihm: „Zachäus, komm schnell herunter!
Denn ich muss heute in deinem Haus zu Gast sein."
Da stieg er schnell herunter
und nahm Jesus freudig bei sich auf.
(Lukas 19,5-6)

Wie war Zachäus vor der Begegnung mit Jesus?

- ☐ Dieb
- ☐ hilfsbereit
- ☐ Lügner
- ☐ dachte nur an sich
- ☐ froh

Wie begegnet Jesus Zachäus?

- ☐ sieht ihn
- ☐ spricht ihn an
- ☐ schimpft
- ☐ hält mit ihm Mahl
- ☐ lacht ihn aus

Wie ist Zachäus nach der Begegnung mit Jesus?

- [ ] froh
- [ ] zornig
- [ ] denkt nur an sich
- [ ] teilt
- [ ] verändert

Umkehr und Versöhnung

Kreise ein, was die Freundschaft stärkt.
Streiche durch, was der Freundschaft mit Jesus und den Mitmenschen schadet.

Gott vergessen

andere ärgern

neidisch sein

verspotten

für andere beten

andere loben

nicht mitspielen lassen

teilen

Gottesdienst mitfeiern

dankbar sein

helfen

lächeln

Rücksicht nehmen

absichtlich beleidigen

lügen

auch mal den anderen zuliebe auf etwas verzichten

nur an mich denken

trösten

auslachen

immer gewinnen wollen

Schwächeren helfen

nicht verlieren können

sich entschuldigen

beten

miteinander reden

Eltern bei der Arbeit helfen

Gott loben

verlässlich sein

Ausreden erfinden

ehrlich sein

hilfsbereit sein

verzeihen

die Schuld auf andere schieben

die Wahrheit sagen

etwas leihen und nicht zurück geben

Wie heißt dieser Satz?

Impuls für Eltern:

Kinder erleben auch, dass sich Erwachsene bzw. Eltern streiten. Lassen Sie in diesem Fall Ihr Kind ebenso erfahren, wie Sie sich wieder versöhnt haben. Falls Ihr Kind nicht miterleben kann, wie Sie sich wieder versöhnen, dann informieren Sie es zumindest über die Schritte Ihrer Versöhnung.

Feier der Versöhnung: die Beichte

In unserem Leben machen wir manchmal Fehler. Gott lässt uns nicht allein, auch wenn wir schuldig geworden sind. Zu reden über das, was uns bedrückt, kann uns helfen. Gott bietet uns immer seine Versöhnung an, und er möchte, dass auch wir einander vergeben. Gott kommt uns entgegen und will uns einen neuen Anfang schenken. Diese Freude über einen Neuanfang können wir feiern.

„Die Beichte ist eine besondere Form der Versöhnung mit Gott. Sie ist ein Zeichen der Liebe Gottes zu uns."

So feiern wir das Sakrament

2

Ich rede mit dem Priester über mein Leben, erzähle ihm, was gut geht, was nicht so gut gelingt und was ich ändern möchte. Ich bekenne meine Fehler und bitte um

V ______________________________ .

1

Ich begrüße den Priester. Ich mache das

K ________________________ .

der Versöhnung - die Beichte

3 Der **P**_____________ hilft mir, einen guten Vorsatz zu fassen. Er spricht mir im Auftrag Gottes mit folgenden Worten Vergebung zu: „So spreche ich dich los von deinen Sünden im Namen des Vaters und des Sohnes und des Heiligen Geistes.“ Ich antworte: „Amen“.

4 Ich spreche ein **Dankg**_____________ .

5 Wir **f**_____________ einen Neuanfang.

Weitere Formen der Versöhnung

Gespräch und Wiedergutmachung

Wenn ich etwas getan habe, was nicht gut war, dann spreche ich mit dem anderen darüber und bitte um Vergebung. Ich versuche es wieder gut zu machen.

Lesen der Heiligen Schrift

Durch die Texte der Bibel spricht Gott zu mir. Er zeigt mir, wo ich nicht recht gehandelt habe und dass ich umkehren kann.

Gebet

Ich kann Gott sagen, was mir nicht gelungen ist. Ich bete auch für andere.

Schuldbekenntnis

Bevor ich Gottesdienst feiere, kann ich meine Schuld bekennen. Ich gestehe vor Gott und den anderen im gemeinsamen Schuldbekenntnis ein, dass nicht alles in Ordnung war, was ich getan habe.

Bußgottesdienst

Ich feiere mit anderen einen Bußgottesdienst. Wir denken darüber nach, was in unserem Leben nicht gelungen ist. Wir bitten Gott um Vergebung und um die Kraft der Versöhnung.

Fastenzeit

Wenn ich mich auf das große Osterfest vorbereite, dann habe ich 40 Tage Zeit, noch einmal darüber nachzudenken, ob ich wie eine Christin, wie ein Christ lebe. In der Osterfeier erneuere ich dann auch mein Taufversprechen.

Impuls für Eltern:

Sprechen Sie mit Ihrem Kind vor dem Einschlafen über Folgendes: Was ist mir heute gelungen? Was ist mir heute nicht gelungen? Versöhnt einzuschlafen tut gut.

Suchen Sie gemeinsam nach Gesten der Versöhnung und überlegen Sie gemeinsam, welche Gesten Sie in Zukunft bei Versöhnungen pflegen möchten. Nehmen Sie sich dabei die Zeit, sie einzuüben (Rituale brauchen Zeit, bis sie vertraut sind).

Brot ist mehr als Brot

Klebe hier ein Foto
von deiner Kommuniongruppe beim Brot teilen ein!

Wie hast du dich beim Brot teilen gefühlt? Wie haben sich deine Freunde verhalten? Kreise die zutreffenden Wörter gelb ein!

Wir sind fröhlich – es ist lustig – alle meine Freunde sind da
wir sind hungrig – wir sind neugierig – ich bin einsam
es ist traurig – es ist festlich – es wird gelacht
viele Stimmen sind zu hören – wir gehören zusammen
es gibt gutes Essen – es wird gestritten – es wird gebetet
es ist still – jemand wird ausgeschlossen – es ist laut
es ist schön – es wird geteilt – wir gehören zusammen.

Die Erzählung von der Brotvermehrung

(Matthäus 14, 13-21)

Als Jesus all das hörte, fuhr er mit dem Boot in eine einsame Gegend, um allein zu sein. Aber die Leute in den Städten hörten davon und gingen ihm zu Fuß nach. Als er ausstieg und die vielen Menschen sah, hatte er Mitleid mit ihnen und heilte die Kranken, die bei ihnen waren.

Als es Abend wurde, kamen die Jünger zu ihm und sagten: „Der Ort ist abgelegen und es ist schon spät geworden. Schick doch die Menschen weg, damit sie in die Dörfer gehen und sich etwas zu essen kaufen können.“ Jesus antwortete: „Sie brauchen nicht wegzugehen. Gebt ihr ihnen zu essen!“ Sie sagten zu ihm: „Wir haben nur fünf Brote und zwei Fische bei uns.“ Darauf antwortete er: „Bringt sie her!“ Dann ordnete er an, die Leute sollten sich ins Gras setzen. Und er nahm die fünf Brote und die zwei Fische, blickte zum Himmel auf, sprach den Lobpreis, brach die Brote und gab sie den Jüngern; die Jünger aber gaben sie den Leuten, und alle aßen und wurden satt. Als die Jünger die übrig gebliebenen Brotstücke einsammelten, wurden zwölf Körbe voll.

Es waren etwa fünftausend Männer, die an dem Mahl teilnahmen, dazu noch Frauen und Kinder.

Und alle aßen und wurden satt.

(nach Matthäus 14,20)

1
2
3

Brot – Kraft des Lebens

Seit uralten Zeiten ist Brot für die Menschen kostbar. Brot ist die Frucht der Erde und der menschlichen Arbeit. Brot dient der Sättigung für den Leib und für die Seele.

Im Brot ist die Kraft der Erde.
Im Brot ist die Kraft der ① Sonne.
Im Brot ist die Kraft des Wassers.
Im Brot ist die Kraft des Wachsens.
Im Brot ist die Geduld des ② Bauern.
Im Brot ist die Kraft des Reifens.
Im Brot sind die Arbeit und die Kraft des Menschen.
Im Brot sind die Kraft und
die Wärme des ③ Feuers.

Guter Gott,
wir danken dir für die Kraft der Erde und die Kraft der Sonne,
wir danken dir für die Arbeit und die Geduld des
Bauern
wir danken dir für
Essen
wir danken dir für
sauberes Wasser
wir danken dir für
Wärme und Sonne
Amen.

Impuls für Eltern:

Überlegen Sie gemeinsam: Wann essen wir Brot? Wie gehen wir in der Familie mit Brot um? Wie gehen wir mit Brotresten um?

Jesus ist das Brot des Lebens

Im Vaterunser beten wir: „Unser tägliches Brot gib uns heute." Mit Brot ist alles gemeint, was wir zum Leben brauchen.

Jesus schenkt sich uns in verschiedener Art und Weise und ganz besonders im Brot. Er kann für uns zum Brot des Lebens werden.

Schreibe:

Brot ist für mich wichtig. Jesus ist für mich wichtig.

Brot schenkt Leben. Jesus ~~ist imer bei mir~~ schenkt leben

Brot gibt mir Kraft. Jesus gibt mir Kraft

Brot ist imer bei mir Jesus ist imer bei mir.

Brot gibt mir Mut. Jesus gibt mir Mut.

Während des Mahls
nahm er das Brot
und sprach den Lobpreis.
Dann brach er das Brot,
reichte es ihnen und sagte:
„Nehmt, das ist mein Leib."
Dann nahm er den Kelch,
sprach das Dankgebet,
reichte ihn den Jüngern
und sie tranken alle daraus.
(nach Markus 14,22-23)

Als er ihnen
die Füße gewaschen
und wieder Platz
genommen hatte,
sagte er zu ihnen:
„Begreift ihr,
was ich an euch
getan habe?“
(nach Johannes 13,12)

Unser tägliches Brot gib uns heute

Das Vaterunser ist ein sehr wichtiges Tischgebet. Es kann auch mit bestimmten Körperhaltungen und Gesten gebetet werden.

1 Vater unser
im Himmel,

2 geheiligt werde
dein Name.

3 Dein Reich komme.
Dein Wille geschehe,

4 wie im Himmel
so auf Erden.

5 Unser tägliches Brot
gib uns heute.

6 Und vergib uns
unsere Schuld,

7 wie auch wir vergeben unseren Schuldigern.

8 Und führe uns nicht in Versuchung,

9 sondern erlöse uns von dem Bösen.

10 Denn dein ist das Reich und die Kraft und die Herrlichkeit in Ewigkeit. Amen.

Impuls für Eltern:

Beten Sie gemeinsam das Vaterunser (zu Mittag oder am Abend…). Sie können es auch als besonderes Tischgebet am Sonntag beten. Die Körperhaltungen und Gesten können Ihrem Kind helfen, sich das Gebet leichter zu merken.

Mit Jesus feiern – die heilige Messe

Eröffnung ≈ Wortgottesdienst ≈ Eucharistiefeier ≈ Entlassung

Die heilige Messe ist für uns Christen eine besondere Feier, in der wir unsere Gemeinschaft feiern und Gott für seinen Sohn Jesus danken. Jesus Christus ist in unserer Mitte.

Eröffnung

Wir kommen zusammen und erleben, dass wir eine Gemeinschaft sind. Im Herzen bereiten wir uns auf die Feier vor. Wir bringen alles vor Gott, was uns froh macht und was unser Herz bedrückt.

Wortgottesdienst

- **Lesung:** In den Lesungen aus der Bibel hören wir, wie Gott für uns Menschen sorgt.
- **Antwortpsalm:** Wir denken über das Wort Gottes nach und singen im Wechsel einen Psalm (ein Gebet aus der Bibel).
- **Hallelujaruf:** Wir preisen Gott mit dem Hallelujaruf.
- **Evangelium:** Das Evangelium ist der wichtigste Teil im Wortgottesdienst. Wir hören die Frohe Botschaft von Jesus.
- **Predigt:** In der Predigt erklärt uns der Priester das Wort Gottes. Wir denken darüber nach, was uns Jesus für unser eigenes Leben zu sagen hat.
- **Glaubensbekenntnis:** Nachdem wir über das Wort Gottes nachgedacht haben, sagen wir gemeinsam, was in unserem Glauben besonders wichtig ist.
- **Fürbitten:** In den Fürbitten denken wir an andere Menschen und bringen die Anliegen, Bitten und Sorgen vor Gott.

Impuls für Eltern:
Feiern Sie gemeinsam den Sonntagsgottesdienst in ihrer Pfarrgemeinde mit. Helfen Sie Ihrem Kind, dass es mit den Gebeten und Texten des Gottesdienstes vertraut wird. Sie finden diese zum größten Teil auf den letzten Seiten dieses Buches.

Diesen Satz aus dem Sonntagsevangelium habe ich mir gemerkt:

Eucharistiefeier

In der Eucharistiefeier danken wir Gott für alles, was er uns zum Leben schenkt und ganz besonders für Jesus Christus.

> **Gabenbereitung:** Zum Mahl bereiten wir den Tisch. Brot und Wein sind die Gaben, die Frucht der Arbeit des Menschen. In diesen einfachen Gaben bringen wir uns selbst vor Gott.

> **Hochgebet:** Dieses große Lob- und Dankgebet ist ein wichtiger Teil der Feier. Wir bitten Gott um seinen Geist, damit die Gaben Brot und Wein für uns zu Leib und Blut Christi werden.

> **Vaterunser:** Wir beten zu Gott, wie Jesus es uns gelehrt hat. Im Vaterunser bitten wir Gott, unseren Vater, um das tägliche Brot.

> **Friedensgruß:** Als Ausdruck unserer Gemeinschaft geben wir uns ein Zeichen des Friedens.

> **Kommunion:** Wir dürfen nun mit Jesus Mahl halten und empfangen das Brot als Leib Christi. Wir werden mit ihm und untereinander verbunden.

Entlassung

> **Segen:** Der Priester gibt uns den Segen Gottes mit auf den Weg, damit wir Licht für andere sind.

Übertrage die Wörter in die Zeilen unten!

~~Becher~~ > ~~Brot~~ > ~~Wein~~ > ~~Zeichen~~ > ~~Mahl~~ > ~~bricht~~

Jesus hinterlässt den Jüngern ein Zeichen
seiner Liebe.
Jesus hält mit seinen Freunden Mahl
Jesus segnet Brot und Wein
Jesus bricht das Brot.
Jesus nimmt den Becher mit Wein.
Jesus reicht den Jüngern Brot und Wein und sagt:

Das ist mein Leib,
der für euch hingegeben wird.
Das ist mein Blut,
das für euch vergossen wird.

Geheimnis des Glaubens:
Deinen Tod, o Herr, verkünden wir,
und deine Auferstehung preisen wir,
bis du kommst in Herrlichkeit.

Das große Fest – meine Freundschaft mit Jesus

Kommunion heißt Gemeinschaft. Die Kommunion ist das Fest der Freundschaft und der Verbindung mit Jesus. In der Kommunion ist uns Jesus Christus ganz nahe.

Mit diesem Fest weißt du: Ich gehöre ganz dazu.

Klebe hier das Lieblingsfoto von deiner Erstkommunionfeier ein!

Begleitet auf dem Weg zur Erstkommunion haben mich:

Priester:

Meine Familie:

Taufpate/Taufpatin:

Gruppenleiter/in:

Religionslehrer/in:

Organist/in
Pastoral-
assistent/in

Kirche - das Volk Gottes

Die Kirche ist eine besondere Gemeinschaft, die Gemeinschaft der Christen, das Volk Gottes. Die Menschen, die sich um Jesus, den Auferstandenen, versammeln, gehören dazu. Alle sind berufen. Durch die Taufe gehören auch wir zu dieser Gemeinschaft.

Wir sind lebendige Bausteine der Kirche.

Mit Jesus weitergehen - gestärkt für das Leben

Das große Fest der „Erstkommunion" ist vorbei. Unser Weg mit Jesus geht weiter. Die Gemeinschaft mit ihm gilt für das ganze Leben. Er lädt uns immer wieder ein. Jeden Sonntag sind wir in der Pfarrgemeinde eingeladen, mit Jesus Christus ein Fest zu feiern. Die Eucharistiefeier ist Zeit der Begegnung mit ihm: Begegnung im Wort und im Mahl, in Zeichen und gemeinsamen Gesten, Gebeten und Gesängen, im Dank und im Lobpreis. **Wir feiern den Sonntag als Tag des Herrn.** Wir - das Volk Gottes - gehen mit ihm.

Wie hast du das Fest deiner Erstkommunion erlebt?

Was war für dich wichtig?

Wie wirst du den Sonntag in Zukunft feiern?

Texte zur heiligen Messe

(A = alle, L= Lektor/in, P = Priester)

Schuldbekenntnis

Ich bekenne Gott, dem Allmächtigen,
und allen Brüdern und Schwestern,
dass ich Gutes unterlassen und Böses getan habe -
ich habe gesündigt in Gedanken, Worten und Werken -
durch meine Schuld, durch meine Schuld, durch meine große Schuld.
Darum bitte ich die selige Jungfrau Maria,
alle Engel und Heiligen und euch, Brüder und Schwestern,
für mich zu beten bei Gott, unserem Herrn.

Herr, erbarme dich (Kyrie)

Herr, erbarme dich.
Christus, erbarme dich.
Herr, erbarme dich.

Nach der Lesung

L: Wort des lebendigen Gottes.
A: Dank sei Gott.

Nach dem Evangelium

P: Evangelium unseres Herrn Jesus Christus.
A: Lob sei dir, Christus.

Unser Glaubensbekenntnis (Credo)

Ich glaube an Gott,
den Vater, den Allmächtigen,
den Schöpfer des Himmels und der Erde,
und an Jesus Christus,
seinen eingeborenen Sohn, unsern Herrn,
empfangen durch den Heiligen Geist,
geboren von der Jungfrau Maria,
gelitten unter Pontius Pilatus,
gekreuzigt, gestorben und begraben,
hinabgestiegen in das Reich des Todes,
am dritten Tage auferstanden von den Toten,
aufgefahren in den Himmel;
er sitzt zur Rechten Gottes, des allmächtigen Vaters;
von dort wird er kommen,
zu richten die Lebenden und die Toten.

Ich glaube an den Heiligen Geist,
die heilige katholische Kirche,
Gemeinschaft der Heiligen,
Vergebung der Sünden,
Auferstehung der Toten
und das ewige Leben.
Amen.

Hochgebet: Einladung zum Gebet

P: Der Herr sei mit euch.
A: Und mit deinem Geiste.
P: Erhebet die Herzen.
A: Wir haben sie beim Herrn.
P: Lasset uns danken dem Herrn, unserm Gott.
A: Das ist würdig und recht.

Heilig (Sanctus)

Heilig, heilig, heilig,
Gott, Herr aller Mächte und Gewalten.
Erfüllt sind Himmel und Erde von deiner Herrlichkeit.
Hosanna in der Höhe.
Hochgelobt sei, der da kommt im Namen des Herrn.
Hosanna in der Höhe.

Vor der Kommunion

Herr, ich bin nicht würdig,
dass du eingehst unter mein Dach,
aber sprich nur ein Wort,
so wird meine Seele gesund.

Entlassungsruf

P: Gehet hin in Frieden.
A: Dank sei Gott, dem Herrn.

Gebete

Das Kreuzzeichen

Im Namen des Vaters und des Sohnes und des Heiligen Geistes.
Amen.

Ehre sei dem Vater

Ehre sei dem Vater und dem Sohn und dem Heiligen Geist.
Wie im Anfang, so auch jetzt und allezeit und in Ewigkeit.
Amen.

Gegrüßet seist du, Maria

Gegrüßet seist du, Maria, voll der Gnade,
der Herr ist mit dir.
Du bist gebenedeit unter den Frauen,
und gebenedeit ist die Frucht deines Leibes, Jesus.
Heilige Maria, Mutter Gottes,
bitte für uns Sünder
jetzt und in der Stunde unseres Todes.
Amen.

Der Engel des Herrn (Angelus)

Der Engel des Herrn brachte Maria die Botschaft,
und sie empfing vom Heiligen Geist.
Gegrüßet seist du, Maria …
Maria sprach: Siehe, ich bin die Magd des Herrn;
mir geschehe nach deinem Wort.
Gegrüßet seist du, Maria …
Und das Wort ist Fleisch geworden und hat unter uns gewohnt.
Gegrüßet seist du, Maria …

Tischgebete

Komm, Herr Jesus, sei unser Gast
und segne, was du uns gegeben hast.

Alle guten Gaben, alles was wir haben,
kommt, o Gott, von dir. Wir danken dir dafür.

Morgengebet

Guter Gott,
du hast uns einen neuen Tag geschenkt.
Ich danke dir dafür.
Ich bitte dich, begleite mich
auf meinem Weg
mit deinem Segen.

Mein Abendgebet